AF578953

EXPÉRIENCES

ET OBSERVATIONS

SUR LE POIDS DU PAIN

AU SORTIR DU FOUR.

EXPÉRIENCES
ET OBSERVATIONS
SUR LE POIDS DU PAIN AU SORTIR DU FOUR,

ET SUR LE RÉGLEMENT par lequel les Boulangers sont assujetis à donner aux Pains qu'ils exposent en vente un poids fixe & déterminé.

Lu au Comité de Boulangerie le 5 Novembre 1781, par M. TILLET, Chevalier de l'Ordre de Saint-Michel, de l'Académie Royale des Sciences, &c.

A PARIS,

DE L'IMPRIMERIE DE PH.-D. PIERRES, Imprimeur Ordinaire du Roi & de la Police, rue Saint-Jacques.

M. DCC. LXXXI.

AVANT-PROPOS.

Plusieurs des principaux Boulangers de Paris ſentant l'extrême difficulté de donner au Pain le poids juſte ſur le pied duquel il eſt expoſé en vente, & deſirant de n'être plus expoſés aux amendes qu'on prononce contr'eux, lorſque le Pain n'a pas le poids preſcrit, préſenterent un Mémoire en 1778, à M. le Lieutenant-Général de Police, par lequel ils demanderent que le Pain ne fût vendu qu'au poids : non qu'ils vouluſſent s'écarter de l'uſage où ils ſont de faire des pains de quatre, de deux & d'une livre, & de les maintenir, autant qu'il eſt poſſible, dans ces poids différents ; mais ils représentoient combien il étoit affligeant pour eux de se trouver garants, sous des peines humiliantes, d'une précision qui ne dépendoit pas d'eux ; & ils offroient, ou de suppléer, en Pain, à ce qu'il y auroit de moins sur ceux qu'ils vendroient, ou d'accorder une diminution proportionnelle, sur le prix courant, aux particuliers qui achéteroient ces Pains.

Le Mémoire des Boulangers de Paris occasionna bientôt des discussions : les Boulangers Forains en eurent connoissance, & furent d'un sentiment opposé à celui des Boulangers de Paris ; les raisons qu'ils donnerent furent appuyées par des personnes instruites, mais attachées à l'usage actuel de vendre le Pain ; tandis que d'un autre côté des Citoyens éclairés se déclarerent avec zèle en faveur du Mémoire des Boulangers de Paris, & répondirent à tout ce qu'avoient dit les Boulangers Forains pour justifier leur opposition.

Les choses étoient dans cet état, lorsque le Comité de Boulangerie fut établi. Un des premiers objets dont on s'y occupa fut de faire des Expériences authentiques sur le point essentiel auquel tenoit cette discussion; ce fut d'examiner avec le plus grand soin, s'il est possible, ou non, à un Boulanger de donner constamment à cinquante ou soixante Pains, dépendants d'une même fournée, le poids juste que chacun d'eux doit avoir. Tel est le sujet des Expériences dont on va exposer le détail, du Projet qu'elles ont fait naître pour l'intérêt du Peuple, & des vues, en général, ſur la vente du Pain, que le Comité de Boulangerie ſoumet avec confiance aux lumieres du Public.

EXPÉRIENCES

EXPÉRIENCES

ET OBSERVATIONS

SUR LE POIDS DU PAIN

AU SORTIR DU FOUR.

AYANT été chargés par le Comité de Boulangerie, Mrs Boscheron, Brocq, le Roux, Garin & moi, de faire quelques Expériences pour examiner si, d'après les discussions qui se sont élevées souvent sur le poids du pain exposé en vente, il étoit possible d'établir ce poids avec exactitude, & de ne point s'écarter des Réglements à cet égard, nous nous sommes assemblés à l'Ecole de Boulangerie le 12 Octobre 1781, pour y commencer les Expériences qu'exige cet article de police assez curieux en lui-même, & aussi intéressant pour la tranquilité des Boulangers qu'il mérite d'attention pour la justice qui est due au Peuple.

Le chef de Levain qui nous fut présenté par le sieur Lasne, chargé du détail de l'Ecole de Boulangerie, pesoit trois livres sept gros ; il pouvoit contenir un tiers d'eau ou à-peu-près.

Il fut délayé à six heures & demie du soir dans sept livres de farine & quatre livres d'eau pour former le Levain de *premiere.*

A trois heures & demie du matin le Levain de *seconde* fut formé de ce premier mélange avec vingt-quatre livres de farine & treize livres d'eau.

Enfin, le Levain de *troisieme*, ou de *tout-point* fut composé à huit heures du matin de celui de *seconde*, auquel on joignit quarante-deux livres de farine & trente livres d'eau.

Deux heures après ou environ on commença à pétrir.

Le Levain de *tout-point* peſoit en total cent vingt-trois livres ſept gros ; on le délaya dans quatre-vingt-ſept livres huit onces de farine & quarante-cinq livres treize onces cinq gros d'eau un peu chaude & telle que la circonſtance l'exigeoit : lorſque la pâte eut été formée on la fraſa (*a*) & contrefraſa ; on la mania, on la battit en tous ſens, afin d'y occaſionner ces bourſoufflures, ces gonflements momentanés ſi

(*a*) Le terme de *fraſer* eſt en uſage, dans l'Art de la Boulangerie, pour exprimer l'opération par laquelle, après avoir délayé le Levain *de tout point* dans une quantité d'eau convenable, on le mêle ſur le champ avec la farine réſervée pour le pétriſſage, & dans laquelle le Levain doit s'incorporer. C'eſt alors que la pâte commence à ſe former, que les grumeaux s'y diviſent & s'étendent ſous la main de l'Ouvrier, qu'elle devient plus égale & acquiert une certaine conſiſtance : bientôt on la *travaille* avec encore plus de ſoin ; on la diviſe en pluſieurs parties qu'on pétrit ſéparément ; on réunit ces portions en les pétriſſant enſemble de nouveau ; on réitere cette opération, quelque pénible qu'elle ſoit ; & en *contrefraſant* ainſi la pâte, on parvient à lui donner du corps, de la liaiſon & une ſorte de ductilité.

avantageux pour la légéreté du pain, & afin de la mettre au point de *séchement*, suivant les termes de l'art, ou plutôt dans l'état de combinaison parfaite où il convient qu'elle soit.

Cette pâte ainsi préparée fut mise dans le tour, où elle resta pendant vingt à vingt-cinq minutes pour y entrer en levain, y acquérir un peu de ressort & la facilité de prendre un bon apprêt dans les pannetons.

On procéda ensuite à la pesée de cette pâte pour en faire des pains de quatre livres de la forme ordinaire, & de vingt à vingt-deux pouces de longueur.

Les Boulangers sont dans l'usage autorisé d'employer quatre livres dix onces de pâte pour chacun des pains dont nous parlons, parce qu'on a remarqué que le déchet qu'éprouve la pâte au four roule à-peu-près sur dix onces pour les pains ordinaires de quatre livres & de la forme que nous avons désignée. Nous fimes donc préparer trente-huit pains de quatre livres dix onces en pâte, pour nous conformer d'abord à cet usage & pour avoir en même-tems un plus grand nombre d'objets de comparaison : nous nous bornâmes à douze pains pour y faire varier l'excédent de poids sur la pâte ; de maniere que trois de ces pains n'avoient, avant leur cuisson, que neuf onces d'excédent de poids ; trois autres en avoient dix ; les trois pains suivans en avoient onze, & les trois derniers douze onces : la pesée de ces pains encore en pâte fut faite avec exactitude ; & ceux dont l'excédent de poids varioit portoient chacun un numéro.

Lorsque les Boulangers, qui étoient témoins de cette expérience, eurent reconnu que le four étoit au point de chaleur convenable, on y mit les pains dans l'ordre que voici : dix-huit de ceux qui portoient dix-onces d'excédent de poids furent placés dans le premier quartier du four ; seize autres pains pareils furent mis dans le second quartier ; le cœur du four fut réservé pour les douze pains numérotés, auxquels on joignit quatre autres pains ſemblables à ceux qui occupoient les deux quartiers. Le four contenoit donc cinquante pains qui, au premier coup d'œil, paroiſſoient confondus, mais que les pains numérotés & placés au centre, ſervoient à déſigner dans l'ordre où nous les avions d'abord établis.

Après que les pains eurent reſté trois-quarts-d'heure ou environ dans le four, & que les Boulangers eurent jugé que ces pains étoient cuits ſuffiſamment, on les retira du four dans l'ordre où ils y avoient été placés; ceux du premier quartier furent mis dans un grand panier, avec une étiquette qui les déſignoit, comme ceux du ſecond quartier & du cœur du four furent rangés dans deux autres paniers, avec la note qui ſervoit à les faire diſtinguer.

Tous ces pains furent peſés par ordre au ſortir du four, & leur poids fut écrit à meſure qu'ils ſortoient de la balance. Nous mettons ſous les yeux du Comité le tableau de ces differentes peſées; on y voit les variations qui ſe ſont trouvées non-ſeulement

Voy. *le Tableau de la premiere Expér.*

dans les pains en général ſur leſquels notre expérience a roulé, mais encore dans ceux qui, en particulier, occupoient chacun des quartiers, ainſi que le cœur du four : on y remarque que ſi, dans le premier quartier, un des pains a peſé quatre livres juſtes, & un autre quatre livres quatre gros, les ſeize autres ont éprouvé une perte plus ou moins marquée au-deſſous de quatre livres : ce déchet a été pour l'un d'eux de deux onces & demie ; pour d'autres de deux onces ; pour quelques-uns d'une once & demie, pendant que d'autres n'ont perdu qu'une once, & que pour cinq d'entr'eux la perte s'eſt bornée à quatre gros.

Le ſecond quartier offre également des variations ; ſi deux des pains qui l'occupoient peſoient quatre livres juſtes, & un autre quatre livres quatre gros, un d'entreeux avoit perdu deux onces quatre gros; quelques-uns une once & demie : huit autres n'avoient éprouvé chacun qu'une once de déchet, & un ſeul n'avoit perdu que quatre gros.

L'inégalité de poids eſt également remarquable à l'égard des pains qui avoient été placés dans le cœur du four : tandis que des quatre pains qui, avant que d'être cuits, portoient dix onces en excédent de pâte, le premier peſoit au ſortir du four quatre livres juſtes, & le ſecond juſqu'à quatre livres une once; il y avoit un déchet de quatre gros ſur le troiſieme, & une perte d'une once & demie ſur le quatrieme, c'eſt-à-dire, une différence de deux onces & demie du ſecond au quatrieme de ces pains, quoiqu'ils fuſſent placés au centre du four, & paruſſent y avoir dû éprouver une chaleur égale.

Quant aux pains numérotés qui avoient été placés auſſi dans le cœur du four, on devoit s'attendre à quelques variations dans leur poids, puiſque l'excédent de pâte, avant la cuiſſon, n'étoit pas le même dans ces douze pains, & qu'il devoit ſe trouver au moins une différence bien marquée entre ceux dont l'excédent de pâte n'étoit que de dix onces, & ceux qui en avoient douze en excédent. On remarque cependant que ſi les dixieme & onzieme pains numérotés peſoient quatre livres une once & demie au ſortir du four, comme on pouvoit s'y attendre, parce que l'excédent de la pâte, avant la cuiſſon, y avoit été plus fort de deux onces que dans le ſixieme de ces mêmes pains numérotés; on remarque, dis-je, que le douzieme de ces pains, qui auroit dû peſer quatre livres une once & demie, comme le dixieme & onzieme pain, puiſqu'ils étoient tous les trois du même poids avant la cuiſſon, ne peſoit cependant, au ſortir du four, que trois livres quinze onces & demie, qu'il avoit perdu deux onces de plus que les deux pains précédens, & ne ſe trouvoit pareil en poids qu'au ſixieme de ces pains numérotés, & à pluſieurs autres des quartiers du four, quoique ceux-ci euſſent porté, avant la cuiſſon, deux onces de moins en excédent de pâte que ce douzieme pain numéroté. On voit par ce détail ſur les pains, que des numéros diſtinguoient, que ſi le douzieme de ces pains n'avoit pas eu, dans l'état de pâte, deux onces de plus que le cinquieme, ils ſeroient revenus tous les deux au même poids, après la cuiſſon, c'eſt-à-dire, à trois livres treize onces & demie. Nous faiſons cette obſervation afin qu'on ne ſoupçonne pas que le déchet aſſez conſidérable qui ſe trouve ſur le douzieme pain numéroté, ait été occaſionné par quelque accident auquel nous n'aurons pas été attentifs, puiſque le cinquieme pain numéroté, le ſecond du premier quartier, & le quatorzieme du ſecond quartier, ne peſent également que trois livres treize onces & demie, & par conſéquent ſe trouvent inférieurs chacun de deux onces quatre gros, aux quatre livres juſtes ſur leſquelles nous avions lieu de compter.

Le four de l'Ecole de Boulangerie étant un peu plus grand qu'il n'eût fallu pour les cinquante pains ſeulement que nous y mîmes en expérience, il donna lieu à une obſervation de la part des Boulangers, à laquelle nous nous rendîmes attentifs: ils ſprétendirent qu'il y auroit eu moins d'inégalité ſur le poids des pains s'ils s'y fuſſent trouvés plus près les uns des autres, ſi en un mot la fournée eût été complette. M. Garin, l'un d'entr'eux, inſiſta ſur ce point, & nous dit qu'il avoit remarqué moins de variation dans ces circonſtances, par une épreuve faite dans cette vue & avec l'attention que demandoit la peſée de la pâte, avant que les pains fuſſent mis au four. Le déſir de ne rien négliger de tout ce qui pouvoit nous conduire à l'exactitude, nous engagea à lui propoſer de répéter chez lui notre expérience: il voulut bien s'y prêter, & nous nous rendîmes chez lui le 22 Octobre, à huit heures du matin. Nous y trouvâmes la pâte dans le tour & prête à être diviſée pour en former des pains. Nous ne nous écartâmes point pour cette expérience-ci de celle que nous avions faite à l'Ecole de Boulangerie; & s'il s'y trouva quelques différences, elles contribuerent à nous donner de nouveaux éclaircissemens, sans nous faire perdre le point de vue qui nous occupoit.

On pesa d'abord avec exactitude la pâte pour douze pains dont les trois premiers étoient de quatre livres neuf onces, les trois autres de quatre livres dix onces; les trois suivans de quatre livres onze onces, & les trois derniers de quatre livres douze onces. Chacun de ces pains fut numéroté & ne laissa aucune incertitude sur l'excédent de poids en pâte qu'on y avoit mis. Quatorze autres pains pesant quatre livres dix onces furent préparés pour le premier quartier du four; on en disposa douze autres du même poids pour le second quartier; & le cœur du four fut réservé tant pour les pains distingués par des numéros, que pour six pains longs de vingt-neuf pouces, & un pain rond auquel on conserva cette forme le mieux qu'il fut possible, & qui pesoit quatre livres dix onces, comme les six pains longs dont nous venons de parler.

Lorsque le four eut acquis le degré de

chaleur convenable, on y mit les pains dans l'ordre que nous avions réglé ; & après qu'il fut cuit, le même ordre régna dans les peſées que nous en fîmes.

Quoique le four de M. Garin ſoit plus petit que celui de l'École de Boulangerie, cependant les pains que nous y avions mis, au nombre de quarante-cinq, n'avoient pas ſuffi pour le remplir entiérement ; on avoit rendu la fournée complette, en y ajoutant quelques petits pains de fantaiſie, qui avoient garni les endroits du four que nos pains n'avoient pas occupés.

Nous mettons encore ſous les yeux du Comité le tableau du poids de ces différens pains. On y verra en général moins d'inégalité que dans la premiere expérience : cependant on y remarquera que pendant qu'il y a une égalité de poids entre les pains, n° 3 & 8, du premier quartier du four, il y a une différence de deux onces cinq gros entre ces deux numéros, & le pain numéro 5 du même quartier ;

Voy. le *Tableau de la ſeconde Expér.*

qu'il y en a également une de trois onces entre le pain numéro 1, & le pain numéro 7 du second quartier ; on observera encore que des six pains longs, aucun n'a le poids de quatre livres ; qu'un d'entr'eux a perdu jusqu'à trois onces ; trois autres ont déchu de plus de deux onces ; & les deux autres ont perdu deux onces justes. Le pain rond, au contraire, a un excédent de poids, comme nous l'avions présumé, de deux onces quatre gros. On verra moins de variation dans les pains numérotés ; l'excédent inégal de poids en pâte que portoient ces douze pains, s'y annonce sensiblement & d'une maniere assez progressive, depuis le numéro 4 jusqu'au 12. On est un peu surpris que le pain numéro 1 pese quatre livres quatre gros, quoiqu'il n'ait eu que neuf onces en excédent de poids en pâte, tandis que le numéro 1 du second quartier, qui a eu dix onces d'excédent de poids, avant que d'être mis au four, ne pese cependant que trois livres treize onces six gros, c'est-à-dire, deux onces six gros de moins que le premier de ces pains numérotés.

Un particulier qui auroit été témoin de la pesée de ces quarante-cinq pains, & qui auroit vu l'inégalité de poids qui régnoit entre-eux, auroit hésité sans doute de les prendre sur le pied de quatre livres l'un dans l'autre, & auroit craint d'éprouver une perte de quelques livres de pain; cependant le poids de tous ces pains de forme différente, de pesanteur assez inégale entre-eux, étoit de cent quatre-vingt livres deux onces quatre gros, tandis que quarante-cinq pains, de quatre livres chacun, ne peseroient en total que cent quatre-vingt livres justes (*a*) : dès-

(*a*) Il est vrai que nous devions espérer quelque excédent de poids sur le pain, après la cuisson, & compter sur une augmentation de plus de deux onces quatre gros, parce que les douze pains numérotés, pris ensemble, avoient eu en excédent de pâte, six onces au-delà de la quantité qu'ils en auroient reçue sur le pied de dix onces pour chaque pain; mais les trois onces quatre gros qui manquent, pour que ces six onces d'excédent de pâte

lors on ſent que les Réglemens n'ont plus de baſe fixe pour prononcer ſur la préciſion du poids de chaque pain ; que l'art ſeul eſt en défaut, ſans qu'on voie encore le moyen de le perfectionner ; & qu'un Boulanger peut être condamné par la Loi pour avoir diſtribué quelques pains d'un poids plus foible qu'il ne faudroit, & tels qu'il s'en eſt trouvé dans cette derniere

reparoiſſent en entier, ſont un très-petit objet ſur quarante-cinq pains de quatre livres chacun, & n'en forment que la huit cent vingt-deuxieme partie. La perte a été plus conſidérable dans la premiere expérience : les cinquante pains qui en dépendoient auroient dû peſer enſembles deux cent livres, ſur le même pied de quatre livre chacun ; cependant on voit que le total de leur poids n'eſt que de cent quatre-vingt dix-ſept livres quatre onces quatre gros, & qu'il ſe trouve foible par conſéquent de deux livres onze onces quatre gros : ſans parler même des ſix onces d'excédent de poids en pâte que les pains numérotés de cette experience avoient reçues comme ceux de la ſeconde, & qui, ſi on y a égard, font monter la perte ſur les cinquante pains dont il s'agit ici, à trois livres une once quatre gros, c'eſt-à-dire, à une once, ou à peu-près ſur chacun de ces pains.

expérience

expérience, tandis que la fournée entiere décideroit en sa faveur, & annonceroit sa bonne foi.

Le moment le plus favorable au poids du pain est celui où il sort du four : nous avons reconnu qu'en le gardant huit jours, il perdoit peu-à-peu une partie de son poids, & qu'au bout de ce tems la perte pouvoit être de quatre à cinq onces sur un pain de quatre livres, & de la forme ordinaire : Ce déchet doit varier suivant le degré de cuisson qu'on a donné au pain, & le plus ou le moins de surface qu'il présente.

Après avoir retiré du four, dans notre premiere expérience, tous les pains qu'il contenoit, nous en choisîmes un bien cuit & qui pesoit quatre livres justes; nous le remîmes sur le champ au milieu du four, & nous l'y laissâmes pendant dix minutes; après ce tems, nous le pesâmes de nouveau; il avoit perdu deux onces sur son poids; il perdit encore une once dans une seconde épreuve, & se trouva réduit à trois livres treize onces.

Nous nous bornons à ces détails des deux expériences que nous étions chargés de ſuivre, & dont on ſe forme, au premier coup d'œil, une idée aſſez exacte, en conſidérant les deux tableaux du poids des pains que ces expériences nous ont fournis. Il en réſulte que, malgré toutes les précautions que nous avons priſes pour obtenir des pains d'une peſanteur égale, nous n'avons réuſſi qu'à l'égard de quelques-uns, & ſans être mieux inſtruits de la cauſe de cette égalité, que nous n'avons connu la raiſon de l'inégalité de poids de la plûpart des autres.

Il en réſulte, en ſecond lieu, que cette variation du poids des pains ne tient pas préciſément à l'endroit du four où ils ſont placés, puiſqu'elle a été remarquable, & dans les deux quartiers, & dans le cœur du four : ſouvent même deux pains placés l'un à côté de l'autre, & d'une forme pareille, ne ſe trouvent pas d'un poids égal au ſortir du four, quoique tirés de la même pâte, & réglés ſur le même poids avant la cuiſſon.

Il ſuit de ces expériences, en troiſieme lieu, que plus les pains préſentent de ſurface, ſoit par leur longueur, ſoit par l'applatiſſement auquel on les réduit pour ſatisfaire au goût des particuliers, plus ils perdent de leur poids au four; tandis qu'au contraire les pains très-arrondis ſouffrent beaucoup moins de déchet, & n'ont pas beſoin de tout l'excédent de pâte qu'exigent les pains de la forme ordinaire.

Il réſulte enfin des faits que nous avons conſtatés, que le ſéjour du pain dans le four pendant quelques minutes au-delà du tems convenable pour ſa cuiſſon, y occaſionne une diminution ſur le poids, & l'y produit d'une maniere plus ou moins marquée, ſuivant que le pain ſe trouve placé dans les endroits du four, qui, vers la fin de l'opération, ont plus ou moins perdu de la grande chaleur qu'ils avoient acquiſe.

Lorsqu'on se plaint de l'inégalité du poids des pains de quatre livres de la forme ordinaire, les Boulangers représentent qu'elle a souvent lieu par des inconvéniens dont il leur est très-difficile de se garantir ; ils font observer que la pesée de la pâte est confiée à des Ouvriers qui n'y portent pas toujours l'attention qu'elle demande ; que ces Ouvriers, dont le travail se fait avec beaucoup de célérité, & qui sont souvent excédés de fatigue, manient la balance sans précaution, y laissent quelquefois une portion de la pâte qui appartient au pain qu'on vient de peser, & se réunit à celui dont on établit ensuite le poids ; que ces Ouvriers, lorsqu'ils ont pesé la pâte de chaque pain, la jettent sur une table, où d'autres Ouvriers la tournent pour la placer dans les pannetons, & l'y jettent avec si peu de précaution, qu'elle s'y trouve souvent adhérente à celle d'autres pains qui n'ont pas encore été tournés, & qu'alors il peut y avoir une inégalité de poids dans les pains qui en réſulteront, parce que l'Ouvrier chargé de tourner la pâte n'aura pas pu ſéparer exactement celle qui étoit deſtinée pour deux pains, & aura par conſéquent rendu l'un plus peſant aux dépens de l'autre.

Les Boulangers inſiſtent encore ſur la difficulté de régler comme il faut la chaleur du four, & de connoître le point précis de la cuiſſon du pain ; ſur le danger qu'il y a de l'y laiſſer un peu trop long-tems pour le poids qu'il doit avoir au ſortir du four : ils ajoutent que les pains placés dans ce même four y ſont quelquefois trop ſerrés, s'y colent l'un à l'autre, donnent lieu par-là à ce qu'on nomme *baiſure*, & qu'en les détachant, après la cuiſſon, on ne les ſépare pas toujours avec aſſez d'exactitude, pour qu'une portion de quelques-uns des pains ne reſte pas attachée à ceux des autres pains qui s'y trouvoient adhérens, & n'occaſionnent pas alors quelques inégalités ſur le poids : ils repréſentent enfin, qu'ordinairement ils trouvent très-peu de reſſource dans leurs Ouvriers pour une manutention auſſi délicate que la leur ; qu'ils y veillent à la vérité, mais que le fort du travail, ſa continuité, les veilles qu'il exige ne peuvent pas les regarder ſeuls, & qu'alors leur vigilance a bien ſon utilité, mais qu'elle ne ſauroit obvier à tous les inconvéniens dont leurs opérations ſont ſuſceptibles, ſur-tout entre les mains d'Ouvriers, peu inſtruits, & plus laborieux par état que jaloux par goût de bien ſaiſir l'art du parfait Boulanger.

Nous avons évité, je crois, dans nos expériences, toutes les cauſes d'inégalité de poids dans les pains ſur leſquelles les les Boulangers ſe fondent pour prouver combien il leur eſt difficile de parvenir, ſur cet objet, à la préciſion qu'on exige d'eux : nous nous en ſommes d'autant mieux garantis, que nous en étions prévenus, qu'elles fixoient ſpécialement notre attention ; & cependant cette même inégalité de poids ſubſiſte dans nos propres expériences : dès-lors toute réflexion ceſſe ſur les cauſes que les Boulangers ont alléguées ; elle ceſſe également ſur ce qu'il y auroit à déduire des faits dont nous avons été témoins : il n'y a encore que des conjectures à former ſur la cauſe réelle de cette variation dans le poids du pain, en ſuppoſant toujours qu'on a pris, pour l'éviter, toutes les précautions que l'art du Boulanger peut admettre, & que l'eſprit d'obſervation peut ſuggérer. Nous nous bornerons donc à faire obſerver dans ce moment-ci qu'il a été employé pour les quarante-cinq pains de la ſeconde expérience deux cent huit livres huit onces de pâte ; que ces pains ne peſoient plus en total, au ſortir du four, que cent quatre-vingt livres deux onces quatre gros, & qu'ils y ont éprouvé par conſéquent une perte de vingt-huit livres cinq onces quatre gros. L'air gazeux, les vapeurs aqueuſes qui s'en ſont élevées à meſure que la chaleur les ſaiſiſſoir, ne l'ont pu faire, dans un tems donné, qu'à raiſon de la ſurface des pains & des iſſues plus ou moins faciles qu'elles s'y ſont pratiquées; c'eſt même par une ſuite de l'effort que font ces vapeurs pour s'échapper, & de l'obſtacle que leur oppoſe la ſurface du pain, en commençant à ſe durcir, que l'intérieur du pain ſe dilate en tous ſens, ſe tuméfie, devient cellulaire, & acquiert de la légéreté. Si un pain conſerve ſa rondeur dans le four, & s'y trouve environné d'une croûte qui ne laiſſe aux vapeurs aqueuſes qu'une iſſue difficile; alors il pourra arriver que ce pain perdra un peu moins de ſon poids, dans un tems limité; tandis qu'un autre pain, où la ſurface ſera gercée, où la mie aura été miſe à découvert, en prenant cette couleur dorée & appétiſſante, connue ſous le nom de *grigne*, perdra quelque choſe de ſa rondeur, s'applatira un peu, au moins du côté où la gerçure ſe ſera faite, laiſſera échapper plus facilement l'air gazeux, les vapeurs aqueuſes qu'il contenoit, & pourra ſouffrir un peu plus de perte, dans le même tems limité, que le pain enveloppé par faitement de ſa croûte, & maintenu dans toute la rondeur que les vapeurs aqueuſes lui ont fait prendre en s'échappant.

Nous ne donnons ici cette obſervation que comme une ſimple conjecture: c'eſt en examinant avec attention les pains de nos expériences que nous avons eu occaſion de faire cette remarque dont il ſera difficile, nous en convenons, de tirer quelque avantage, dans le cas même où il ſeroit conſtant que l'inégalité du poids dans les pains tient aux accidents légers qu'ils éprouvent à leur ſurface pendant qu'ils ſont dans le four.

Quoi qu'il en ſoit de la cauſe de cette inégalité, il eſt certain, par nos expériences, qu'elle a lieu d'une maniere plus ou moins marquée, & que nous l'avons reconnue ſur quatre-vingt-quinze pains ſortis de deux fours différens, quelque précautions que nous ayons priſes pour la prévenir.

Nous nous repoſons ſur la ſageſſe de l'Adminiſtration pour les conſéquences qui naiſſent des faits que nous venons d'expoſer. S'il eſt d'une exacte équité, s'il faut néceſſairement que le peuple reçoive la quantité de pain qu'il paie, il eſt juſte auſſi que les Boulangers jouiſſent d'une certaine tranquillité ; qu'ils pratiquent leur art par un principe d'honneur, & qu'ils ne vivent pas ſans ceſſe entre les difficultés de ce même art qu'ils doivent s'appliquer à vaincre, & la crainte d'être punis pour ne les avoir pas vaincues : on exige d'eux de la préciſion pour le poids de chaque pain de la forme ordinaire, & ſur une quantité conſidérable qu'ils vendent tous les jours au public ; ils tâchent d'obtenir cette exactitude dans une certaine eſpece de pains, & n'y parviennent jamais conſtamment : la même préciſion leur eſt demandée pour des pains qui s'écartent de la forme ordinaire, & où il leur eſt impoſſible de l'obtenir : on les réduit donc, par la rigueur d'un pareil Réglement, ou à la néceſſité de porter le poids de leurs pains plus ou moins au-delà de celui qui est prescrit, & contre leurs intérêts, pour se mettre à couvert de l'amende, ou au danger certain de la payer, si, avec de la bonne foi, mais sans blesser leurs intérêts, ils s'en tiennent à l'excédent ordinaire de dix onces de pâte pour chaque pain de quatre livres, de quelque forme qu'on le suppose, & quel que soit le caprice du particulier, à l'égard de la cuisson, qui aura commandé ce pain.

Nous devons aux Boulangers la justice de dire ici qu'ils desirent qu'on les astreigne à fournir au peuple la quantité juste de pain dont il paie le prix; qu'ils se soumettent volontiers, dans le cas où le pain exposé en vente, de la forme ordinaire, & annoncé toujours sur le pied du poids prescrit, se trouveroit cependant au-dessous de ce même poids; ils offrent, dis-je, ou de suppléer par d'autre pain à la quantité qui manqueroit, ou de consentir à une diminution proportionnelle sur le prix du pain qui n'auroit pas le poids annoncé.

En considérant les choses sous ce point de vue, on sent tout d'un coup que la balance est dans la main du peuple ; que les Boulangers ont autant de surveillans & de surveillans continuels, qu'il y a de particuliers attentifs à leurs intérêts ; & que les Boulangers, ou rempliront toute justice à cet égard, ou ne jouiront jamais de la tranquillité qu'ils desirent.

Tant que le peuple se repose sur la vigilance du Magistrat, ses plaintes sont rares ; mais son intérêt peut être lésé, parce que ce Magistrat, avec les intentions les plus pures, ne sauroit obvier aux imperfections de l'art, & pourroit frapper souvent un Boulanger de bonne foi, en croyant punir un homme infidele. Il ne s'agit point ici d'un commerce, comme celui de l'Orfévrerie, où la Loi veille pour le peuple, où une inspection rigide devient nécessaire, parce que le titre des matieres, la valeur intrinseque des choses passe les connoissances du peuple, & demande qu'une autorité éclairée la fixe : il est question de l'aliment de premiere néceſſité ; le peuple l'a ſans ceſſe ſous la main, & il en a le choix dans mille endroits ; comme il ſait l'apprécier à ſa juſte valeur pour la qualité qu'il peut avoir, il lui eſt également facile, s'il le veut, d'en connoître le poids, de ſe faire rendre ſur le champ la juſtice qui lui eſt due, en devenant en même tems & un ſimple particulier qui achete du pain, ſi nous pouvons nous exprimer ainſi, & l'homme d'une Loi juſte, qui ſe trouve autoriſé, intéreſſé ſur-tout à la faire exécuter ſous ſes yeux. Alors il ne manque rien au peuple dans ce qui concerne le premier de ſes alimens ; il n'en ignore jamais le prix ; il juge bien de ſa qualité, & il en conſtate le poids.

Nous terminerons ce rapport, non par une diſcuſſion en forme, mais par une réflexion ſimple ſur l'opinion de quelques perſonnes qui, prévenues en faveur de l'uſage actuel de vendre le pain, penſent qu'il faut continuer d'aſtreindre les Boulangers à le tenir ſtrictement dans tout le poids prefcrit, & de les y obliger fous la peine d'une amende, quelque humiliante qu'elle foit pour eux.

Nous fommes perfuadés que ces perfonnes n'ont que des vues droites en demandant une exactitude fi rigoureufe dans le travail, & une févérité fi marquée contre ceux qui s'en écartent. Mais c'eft précifément parce qu'elles fe croient guidées dans leur opinion, par l'efprit d'équité, qu'il ne s'agit que de bien entrer dans leurs vues, & de tirer de l'équité même les raifons folides qu'on peut leur oppofer.

L'effence d'une Loi générale & des Réglements particuliers qui en découlent, eft fans doute que tous ceux qui s'y trouvent affujettis puiffent l'exécuter, & que la mauvaife foi feule cherche des prétextes pour l'enfreindre : une Loi coactive, qui, malgré des apparences capables d'en impofer, eft en défaut fur ce point effentiel, cette Loi, attaquable par elle-même, ne fubfifte qu'au milieu des abus; & fi un homme fidele à fes devoirs s'y foumet d'abord, au hasard de blesser ses intérêts, il ne tarde pas à sentir que la Loi est impraticable, dans la rigueur avec laquelle on la lui prescrit ; il s'en écarte peu à peu, & finit par voir dans la Loi même la raison de s'y soustraire.

Ou il est possible à un Boulanger, pour revenir à notre objet, de faire une fournée de cinquante à soixante pains, soit de la forme ordinaire, soit plus longs qu'on ne les demande communément, qui aient été portés au degré de cuisson nécessaire, & qui, au sortir du four, pesent quatre livres justes ; ou il lui est impossible de répondre de cette précision pour chacun des pains qui seront sortis du même four, & dans le même instant. Le Réglement de Police actuel est fondé sur la premiere de ces propositions ; & l'expérience, plus forte que la Loi, plus décisive qu'un Réglement, s'accorde avec la seconde.

Il est donc nécessaire que tout Réglement ait sa base dans l'expérience ; sans cette condition essentielle, il tombe bientôt par lui-même ; ou s'il subsiste par voie d'autorité, il fournit sans cesse matiere à de justes réclamations.

Mais il naîtra des abus, dira-t-on, de la liberté dont jouiront les Boulangers d'avoir chez eux des pains foibles de deux ou trois onces sur quatre livres, à côté d'autres qui seront du poids prescrit : le Boulanger n'avertira point l'acheteur de cette inégalité de poids ; & celui-ci, de bonne foi, prendra le pain qui lui sera présenté.

Nous convenons qu'il le prend aujourd'hui avec cette confiance, & souvent à son désavantage, parce qu'il suppose qu'on veille pour lui, & qu'une plainte en forme de sa part auroit peut-être des suites qui l'affligeroient.

Au lieu que ce même acheteur, ne pouvant pas ignorer que par un Reglement nouveau il doit veiller lui-même à ses intérêts, s'en occupera certainement, ou les négligera, s'il le veut, sans

avoir

avoir à ſe plaindre du Boulanger.

Au reſte, les abus ſont preſque toujours à côté des meilleurs Réglements. Le point le plus important d'une Loi, nous le répétons, c'eſt qu'elle porte ſur une baſe fixe, & qu'elle ſoit d'accord avec les faits qu'on lui donne pour appui : alors s'il naît des abus, comme il faut s'y attendre, on tâche de les corriger ; mais en revenant toujours à cette Loi invariable, fondée ſur l'expérience, & dont on ne peut, ſous aucun prétexte plauſible, éluder l'exécution.

LE Mémoire qu'on vient de lire étoit ſous la preſſe, lorſque le Comité de Boulangerie nous chargea de faire une troiſieme Expérience ſur le poids du pain au ſortir du four, & ſur l'inégalité à cet égard qu'il ne nous avoit pas été poſſible d'éviter dans les deux premieres. Celle-ci devint d'autant plus digne d'attention, que pluſieurs Magiſtrats diſtingués voulurent bien en être témoins ; que les résultats où elle conduisit acquirent, par leur présence, plus d'authenticité, & que cette expérience, s'accordant avec celles qui n'avoient pas été faites sous leurs yeux, imprima en quelque sorte aux deux premieres toute l'authenticité qu'elle avoit.

Nous ne répéterons pas ici ce que nous avons déja dit, en rendant compte de la premiere expérience, sur la préparation du levain de *premiere*, de *seconde* & de *tout-point*; sur la formation de la pâte & le bon apprêt qu'elle reçut avant qu'on la tournât pour en tirer les pains de differente pesanteur que nous mîmes au four : nous nous proposâmes, en gardant à peu-près le même ordre, de constater de nouveau les faits que nous avions reconnus. S'il y eut quelque différence pour les résultats entre cette troisieme expérience & celles qui l'avoient précédée, nous y trouvâmes un avantage de plus, celui de varier nos observations, & d'en être mieux instruits.

Lorsque la pesée de la pâte eut été faite

avec exactitude ſur le pied de neuf livres pour les pains de huit livres ; de quatre livres dix onces pour ceux de quatre livres ; de deux livres ſix onces pour ceux de deux livres , & que ces différens pains eurent pris leur apprêt dans les panetons, on les mit au four , en obſervant l'ordre que nous avions déterminé ; & on garda le même ordre en les retirant du four, lorſque les Boulangers , qui étoient témoins de cette expérience, nous eurent aſſuré que ces pains étoient ſuffiſamment cuits.

On procéda ſur le champ à la peſée de tous ces pains, ſous les yeux des Magiſtrats qui les avoient vu mettre au four, & que l'importance de l'objet, leur zèle ſur-tout, rendoient attentifs au réſultat de cette opération. Nous préſentons ici un état détaillé du poids de ces différens pains, comme nous l'avons fait, en rendant compte des deux autres expériences, & nous y diſtinguons également les endroits du four que ces pains occupoient. On voit par ce tableau fidele des produits de notre expérience, que l'inégalité de poids sur le pain a eu lieu dans tous les cantons du four; que la perte sur le poids s'est faite en raison de la surface des pains, puisque les douze pains longs ont perdu, l'un portant l'autre, cinq livres quatorze onces trois gros, tandis que les dix-huit pains du premier quartier, qui étoient de la forme ordinaire, n'ont perdu que deux livres six gros, & que les dix-sept pains du second quartier, pareils à ceux du premier pour la forme, n'ont éprouvé en déchet que deux livres onze onces six gros.

Voy. le Tableau de la troisieme Expér.

On remarque que, par la même raison, les pains plats pour la soupe sont très-éloignés du poids de quatre livres ou de deux livres, auquel on auroit pu s'attendre si on ne les eut pas applatis, afin qu'ils présentassent plus de surface; & que la perte, sur le second de ces pains destinés pour la soupe, a été jusqu'à quinze onces quatre gros, c'est-à-dire, à un quart ou environ du poids dont auroit dû être, en apparence, ce pain particulier.

Les deux pains préparés pour être de huit livres chacun, après leur cuiſſon, prouvent ſeuls la grande différence, à l'égard du poids, que produit ſur le pain la forme qu'on lui a donnée : le premier de ces deux pains qu'on avoit maintenu en le mettant au four, dans toute la rondeur que la molleſſe de la pâte pouvoit permettre, peſoit un peu plus de huit livres, tandis que le ſecond qu'on avoit un peu allongé, comme les pains de quatre livres de la forme ordinaire, peſoit quatre onces de moins que le premier.

On peut remarquer encore que les cinq pains deſtinés pour être de deux livres chacun au ſortir du four, mais qu'on avoit un peu allongés avant que de les y mettre, étoient tous plus ou moins au-deſſous de leur poids, & avoient perdu en total treize onces trois gros. Il en a été ainſi du pain en couronne, ou qu'on nomme *braſſelet* ; le déchet s'y eſt trouvé de quatre onces ſix gros, parce que ce pain, étant très-ouvert dans ſon milieu & n'ayant que peu d'épaisseur, présente beaucoup de surface, donne même une issue facile aux vapeurs aqueuses, par les gersures qui se forment assez ordinairement à sa croûte.

Il convient enfin d'observer que les cinquante-huit pains dépendans de cette expérience ne pesent en total que deux cent onze livres onze onces trois gros, au lieu de deux cent vingt-six livres qu'ils auroient dû peser s'il n'y avoit eu, en déchet, que l'excédent de pâte qui étoit relatif à chacun d'eux, & que la perte par conséquent sur la totalité de ces pains, a été de quatorze livres quatre onces cinq gros. Elle est beaucoup plus considérable, toute proportion gardée, que nous ne l'avons vue dans les deux premieres expériences. Quoique la cause de ce déchet extraordinaire ne paroisse pas aisée à saisir, cependant on peut en donner une explication assez plausible, d'après l'observation que firent les Boulangers lorsqu'on mit ces cinquante-huit pains au four; ils nous dirent que le four n'avoit pas tout-à-fait le degré de chaleur convenable, & qu'on en avoit ôté le feu un peu trop-tôt ; ils examinerent le pain à deux ou trois repriſes pendant qu'il cuiſoit, & jugerent qu'il falloit le laiſſer dans le four un peu plus long-tems qu'il n'y fût reſté, ſi la chaleur y eût été portée d'abord au degré qui convenoit. On ſe régla ſur leur avis, & peut-être ce ſéjour plus long du pain dans le four donna-t-il lieu à un peu plus d'évaporation, de déchet ſur le pain, qu'il n'en fût réſulté de la chaleur du four portée d'abord à un plus haut degré, & capable alors de produire en moins de tems ſur le pain l'effet juſte qu'elle devoit opérer. On pourroit préſumer encore, par une ſuite de cette obſervation, que le pain n'ayant pas été ſaiſi dès le commencement par une chaleur aſſez forte, ſa ſurface eſt reſtée dans l'état de molleſſe plus long-tems qu'il ne falloit, & que la croûte, formée un peu trop tard, n'a pu devenir juſqu'à un certain point un obſtacle à l'évaporation, qu'après la perte que le pain a eu faite d'une grande partie de ſon humidité.

Si ces réflexions sont fondées, les déchets considérables que nous avons éprouvés dans notre derniere expérience deviennent une instruction; ils avertissent que si l'égalité de poids dans le pain, au sortir d'un four bien conduit, n'a pas encore été obtenue, quelque précautions qu'on ait prises pour y parvenir, il reste toujours, pour garantir le pain des déchets extraordinaires, une attention à donner au degré de la chaleur du four, avant que d'y mettre le pain, un coup d'œil à jetter sur le four dans ce moment décisif, dont un Boulanger prudent ne doit jamais se dispenser.

La pâte, dont les pains de nos expériences furent composés, étoit celle qu'on nomme *batarde*, & qui n'a ni la légéreté de la pâte propre au pain mollet, ni la consistance de celle qui est connue sous le nom de *pâte ferme*. On nous a objecté que nous n'aurions pas eu peut-être la même variation dans nos expériences, si elles eussent été appliquées aux pains de pâte ferme & réglées, tant sur la forme que ceux-ci ont communément, que ſur le poids de quatre & de huit livres qu'il eſt d'uſage de leur donner.

Nous convenons que moins la pâte a été battue, avant que d'être miſe dans le tour, pour y recevoir ſon apprêt, moins les pains qui en ſont tirés perdent au four de leur conſiſtance, de l'humidité qu'ils contiennent, & du poids par conſéquent qu'ils avoient en état de pâte. D'ailleurs leur croûte qui eſt plus ſolide que celle des pains demi-mollets, ne laiſſe qu'une iſſue difficile aux vapeurs aqueuſes: par-là elle contribue à conſerver dans la mie une certaine portion d'humidité, laquelle s'échappe au contraire d'une mie plus légère, criblée de toutes parts comme une éponge, & revêtue d'une croûte qui répond néceſſairement à toute la légéreté de la mie qu'elle enveloppe. Auſſi remarque-t-on que le pain de pâte ferme a plus de fraîcheur, eſt plus ſavoureux le lendemain du jour où il a été cuit, qu'un pain demi-mollet qu'on mange également vingt-quatre heures après qu'il eſt ſorti du four.

Mais en même-tems qu'on peut convenir que les pains de pâte ferme ſont un peu moins expoſés à éprouver dans le four une diminution ſur leur poids que les pains de pâte légère, par la raiſon que nous venons d'expoſer; on doit reconnoître auſſi que l'inégalité de poids eſt remarquable dans une fournée de pains de pâte ferme, comme on l'obſerve dans ceux qui ont été formés d'une pâte plus légère; qu'on ſaiſit tous les jours chez les Boulangers pluſieurs pains de pâte ferme, comme inférieurs au poids fixé par la loi, parmi un grand nombre d'autres de la même eſpece, qu'on a trouvés en régle, & quelquefois ſupérieurs au poids preſcrit; qu'enfin le Réglement de Police n'établit aucune différence entre ces deux eſpeces de pains, pour l'exactitude du poids ſur le pied duquel ils ſont expoſés en vente; & qu'à l'exception des petits pains de fantaiſie dont on ne croit pas devoir s'occuper, tous les autres, quelque préparation qu'ait reçu la pâte dont ils ont été formés, tous les pains, ſur-tout de quatre, de ſix & de huit livres, doivent avoir le poids preſcrit.

Ainſi l'objection qui nous a été faite tombe d'elle-même ; & la réclamation des Boulangers ſur la difficulté extrême, pour ne pas dire l'impoſſibilité qu'ils éprouvent à tenir le pain en général dans l'égalité de poids qu'exige le Réglement, leur réclamation conſtante à cet égard, mais toujours négligée, a trop de force dans ce moment-ci pour qu'elle ne réveille pas enfin l'attention ſur une loi contre laquelle l'expérience reclame elle-même, & reclame tout autrement que les Boulangers.

QUOIQUE la connoiſſance du degré de chaleur qu'un four doit avoir, pendant la cuiſſon du pain, paroiſſe plus propre à ſatisfaire la curioſité qu'à conduire à un avantage réel, cependant nous cherchâmes à l'acquérir, mais ſans être diſtraits ſur le fonds de notre expérience & ſur les obſervations plus eſſentielles qui nous y intéreſſoient.

Nous fîmes construire en conséquence un thermomètre à mercure, suivant les principes de M. de Réaumur, & tel que cette expérience l'exigeoit : il étoit monté sur une lame de cuivre qui portoit des divisions gravées jusqu'au nombre de trois cent dix : deux especes d'anses de fil de fer passoient en dessous de la lame de cuivre, y étoient écartées l'une de l'autre d'un demi-pied ou environ, & maintenues dans cette distance ; elles se réunissoient ensuite au-dessus de cette lame, à la hauteur de cinq à six pouces, & y étoient attachées ensemble par un autre fil de fer ; ces deux anses, qui ainsi disposées, laissoient entr'elles un passage libre au manche d'une pêle de four, donnoient la facilité par-là de transporter le thermomètre sans aucun risque, de le placer où l'on jugeoit à propos, & de le retirer du four quand on vouloit.

Lorsque les pains eurent été saisis par la chaleur & eurent acquis un peu de consistance, nous mîmes le thermomètre sur les premiers de ces pains, & vers le milieu du four, dont auſſi-tôt on ferma l'entrée : après qu'il y eut reſté huit à dix minutes nous le retirâmes pour examiner, à la porte du four, le degré de chaleur que le mercure avoit éprouvé ; nous vîmes qu'il étoit monté à cent quatre-vingt degrés ; mais nous remarquâmes auſſi que malgré notre promptitude, tant à retirer le thermomètre du four qu'à jetter les yeux ſur la graduation, le mercure étoit deſcendu fort précipitamment de pluſieurs degrés, & qu'on pouvoit eſtimer à cent quatre-vingt-cinq ou environ le point où le mercure étoit ſtationnaire dans le tube, avant que nous euſſions ouvert la porte du four & retiré le thermomètre : nous le remîmes ſur le champ dans le four dont on ferma l'entrée ; le mercure monta bientôt au degré à peu-près que nous avions d'abord remarqué, & nous parut s'y être maintenu pendant tout le tems que nous le laiſsâmes dans le four.

Il ſera poſſible ſans doute de donner à cette expérience qui, je crois, n'a pas été faite jusqu'ici, plus de précision que les circonstances ne nous ont permis d'en mettre; mais elle suffit, en général, pour faire juger du dégre de chaleur nécessaire à la cuisson du pain, & pour guider ceux qui n'auroient pas la grande habitude des Boulangers.

TABLEAUX
DES EXPÉRIENCES
FAITES
A L'ÉCOLE DE BOULANGERIE.

Premiere Expérience faite à l'Ecole de Boulangerie le 12 Octobre 1781.

PREMIER QUARTIER DU FOUR.

Pate	Pains	liv.	onc.	gros
4 livres 10 onc.	1er Pain	3 liv.	14 onc.	o gros.
	2	3	13	4
	3	3	15	
	4	3	15	4
	5	4		
	6	3	15	4
	7	4	o	4
	8	3	15	4
	9	3	14	
	10	3	15	4
	11	3	14	4
	12	3	14	4
	13	3	14	
	14	3	14	4
	15	3	15	
	16	3	15	
	17	3	15	4
	18	3	14	4
		70	12	4

Pains numérotés.

CŒUR DU FOUR.

Pate	Pains	liv.	onc.	gros
4 liv. 9 onc.	1er	3 liv.	14 onc.	o gros.
	2	3	14	
	3	3	14	
4 liv. 10 onc.	4	3	15	
	5	3	13	4
	6	3	15	4
4 liv. 11 onc.	7	4 liv.		
	8	3	15	4
	9	4		
4 liv. 12 onc.	10	4	1	4
	11	4	1	4
	12	3	15	4
		47	8	

Second Quartier du Four.

Pate 4 livres 10 onc.

	liv.	onc.	gros.
1er Pain........	3 liv.	14 onc.	4 gros.
2	3....	15.....	4
3.............	3....	14.....	4
4.............	3....	15	
5.............	3....	15	
6.............	3....	15	
7.............	3....	14.....	4
8.............	4....	0.....	4
9.............	3....	15	
10.............	3....	15	
11	3....	15	
12.............	3....	15	
13.............	3....	15	
14.............	3....	13.....	4
15.............	4		
16.............	4		
	63.....	1	

Cœur du Four.

Pate 4 livres 10 onc.

	liv.	onc.	gros.
1er Pain........	4 liv.	0 onc.	0 gros.
2..............	4....	1.	
3..............	3....	15.....	4
4..............	3....	14.....	4
	15....	15	

Récapitulation.

	liv.	onc.	gros.
1er Quartier........	70 liv.	12 onc.	4 gros.
2e Quartier.........	63....	1	
Pains numérotés..........	47....	8	
Cœur du Four...........	15....	15	
50 pains............	197....	4.....	4

Seconde Expérience faite chez M. Garin, le 22 Octobre 1781.

PREMIER QUARTIER DU FOUR.

	N°	liv.	onc.	gros.
PATE 4 liv. 10 onc.	1	4 liv.	0 onc.	0 gros.
	2	3	15	
	3	4	0	6
	4	4		
	5	3	14	1
	6	4	1	2
	7	3	15	
	8	4	0	6
	9	4	0	2
	10	4	0	2
	11	4	0	2
	12	4	0	4
	13	4		
	14	3	14	6
		55	14	7

SECOND QUARTIER DU FOUR.

	N°	liv.	onc.	gros.
PATE 4 liv. 10 onc.	1	3 liv.	13 onc.	6 gros.
	2	4		
	3	3	15	5
	4	3	15	
	5	4		
	6	4	0	5
	7	4	0	6
	8	4	0	2
	9	4	0	4
	10	4		
	11	4	0	2
	12	3	15	6
		47	14	4

Pains numérotés.

COEUR DU FOUR.

Pate	N°	liv.	onc.	gros.
4 liv. 9 onc.	1	4 liv.	0 onc.	4 gros.
	2	3	15	4
	3	3	15	4
4 liv. 10 onc.	4	4	1	4
	5	4	1	2
	6	4	1	
4 liv. 11 onc.	7	4	1	7
	8	4	2	4
	9	4	1	7
4 liv. 12 onc.	10	4	2	3
	11	4	2	6
	12	4	2	
		49	0	5

Pains, 29 pouces de longueur.

COEUR DU FOUR.

Pate	N°	liv.	onc.	gros.
Pate 4 liv. 10 onc.	1	3 liv.	14 onc.	0 gros.
	2	3	13	
	3	3	13	6
	4	3	13	6
	5	3	13	4
	6	3	14	
		23	2	

	liv.	onc.	gros.
Pâte 4 liv. 10 onc. Pain rond.	4 liv.	2 onc.	4 gros.

Récapitulation.

	Pains	liv.	onc.	gros.
1er Quartier.	14 Pains	55 liv.	14 onc.	7 gros.
2e Quartier.	12	47	14	4
Pains numérotés.	12	49	0	5
Pains longs	6	23	2	
Pain rond	1	4	2	4
	45	180	2	4

Troisieme Expérience faite à l'Ecole de Boulangerie le 21 Novembre 1781.

PREMIER QUARTIER DU FOUR.

Pains de quatre livres de la forme ordinaire.

	N°			
PATE 4 liv. 10 onc.	1	3 liv.	14 onc.	2 gros.
	2	3	15	0
	3	4	0	5
	4	3	15	2
	5	3	15	0
	6	3	12	0
	7	3	14	4
	8	3	13	6
	9	3	14	6
	10	3	14	1
	11	3	13	6
	12	3	14	4
	13	3	14	4
	14	3	15	2
	15	3	12	0
	16	3	14	0
	17	3	13	0
	18	3	13	0
		69	15	2

SECOND QUARTIER DU FOUR.

Pains de quatre livres de la forme ordinaire.

Pate	N°	liv.	onc.	gros.
4 liv. 10 onc.	1	3	13	4
	2	3	13	2
	3	3	13	4
	4	3	13	0
	5	3	15	2
	6	3	12	4
	7	3	12	7
	8	3	14	4
	9	3	14	0
	10	3	13	4
	11	3	12	4
	12	3	14	0
	13	3	13	4
	14	3	12	0
	15	3	13	4
	16	3	13	4
	17	3	13	3
		65	4	2

Suite de la troisieme Expérience.

COEUR DU FOUR.

Pains longs de quatre livres.

PATE 4 liv. 10 onc.	N° 1..........	3 liv.	9 onc.	4 gros.
	2..........	3....	9....	5
	3..........	3....	7....	0
	4..........	3....	8....	6
	5..........	3....	5....	0
	6..........	3....	9....	2
	7..........	3....	7 ...	0
	8..........	3....	8....	4
	9..........	3....	7....	0
	10..........	3....	9....	0
	11..........	3....	10....	0
	12..........	3....	7....	0
		42....	1....	5

Demi-Pains longs de deux livres.

PATE 2 liv. 6 onc.	N° 1..........	1 liv.	13 onc.	4 gros.
	2..........	1....	14....	1
	3....	1....	13....	5
	4..........	1....	12....	4
	5..........	1....	12....	7
		9....	2....	5

Pains pour la soupe ronds & plats.

PATE 4 liv. 10 onc. 1 liv. 6 onc.	N° 1..........	3 liv.	3 onc.	4 gros.
	2..........	3....	0....	4
	3... ½ pain.	1....	7....	3
		7....	11....	3

Suite de la troisieme Expérience.

CŒUR DU FOUR.

Pains de huit livres.

PATE 9 liv.	No 1..........	8 liv.	0 onc.	4 gros.
	2..........	7....	12....	4
		15....	13....	0

Pain en couronne.

PATE 2 l. 6 on.	No 1..........	1 liv.	11 onc.	2 gros.

Récapitulation.

	liv.	onc.	gros.		liv.
Les 18 pains pésent	69	15	2	devroient peser	72
Les 17..........	65	4	2..............		68
Les 12..........	42	1	5..............		48
Les 5..........	9	2	5..............		10
Les 3..........	7	11	3..............		10
Les 2..........	15	13	0..............		16
Le 1..........	1	11	2..............		2
58	211	11	3		226

	226 liv.	0 onc.	0 gros.
	211....	11....	3
perte.....	14....	4....	5

www.ingramcontent.com/pod-product-compliance
Lightning Source LLC
LaVergne TN
LVHW050431160826
845677LV00002BA/651

* 9 7 8 2 3 2 9 6 8 6 6 4 6 *